# 사용설명서

1. 이 책에는 30곳의 이탈리아 명소가 있습니다. 명소에 대한 간략한 소개와 함께 틀린그림 찾기를 통하여 고대 로마시대부터 현재까지 모습들을 자세히 관찰해보는 시간을 갖는것이 어떨까요?

2. 아래와 같이 사진은 2종류입니다. 왼쪽은 〈원본 사진〉, 오른쪽은 〈변형된 사진〉입니다. 둘 중 어느 것을 기준으로 틀린그림을 찾으셔도 무방합니다.

3. 각 명소마다 틀린그림은 **20개** 있습니다.

4. 친구들과 제한시간을 두고 내기하는 것도 재미를 Upgrade 시킬 수 있는 방법 중 하나겠네요.

준비물 : 색연필
　　　　레이저를 발사할 수 있는 눈
　　　　칼날 같은 예리함과 통찰력
　　　　마라토너의 인내력과 지구력

CONTENTS

	Q	A
1. 산타 마리아 델라 살루테 성당	06	69
2. 베네치아 카날그랑데 대운하	08	71
3. 아르노강과 마을	10	73
4. 포로 로마노	12	75
5. 로마유적지 1	14	76
6. 로마유적지 2	16	77
7. 콜로세움 1	18	79
8. 콜로세움 2	20	80
9. 콜로세움과 유적지	22	81
10. 베키오 다리	24	83
11. 산마르코 광장 1	26	85
12. 산마르코 광장 2	28	86
13. 대운하 선착장	30	87
14. 판테온	32	89
15. 성 베드로성당 1	34	91
16. 성 베드로성당 2	36	93
17. 피사의 사탑 1	38	95
18. 피사의 사탑 2	40	96
19. 갈레리아 비토리오 에마누엘레 II	42	97
20. 리알토 다리	44	99
21. 스페인 광장	46	101
22. 트레비분수	48	103
23. 반뇨렌죠의 골목	50	104
24. 베네치아 레스토랑	52	105
25. 플로렌스의 풍경. 두오모 성당	54	107
26. 프로치다	56	108
27. 볼로냐	58	109
28. 탄식의 다리	60	111
29. 리오마조레	62	112
30. 고대 시장	64	113

Question

문제

산타 마리아 델라 살루테 성당
Santa Maria della Salute church

산타 마리아 델라 살루테 성당
Santa Maria della Salute church

베네치아 카날그랑데 대운하
Canal Grande with Basilica di Santa Maria della Salute in Venice, Italy

베네치아 카날그랑데 대운하
Canal Grande with Basilica di Santa Maria della Salute in Venice, Italy

아르노강과 마을
Beautiful cityscape skyline of Firenze (Florence), Italy, with the bridges over the river Arno

아르노강과 마을
Beautiful cityscape skyline of Firenze (Florence), Italy, with the bridges over the river Arno

포로 로마노
Scenic view over the ruins of the Roman Forum in Rome, Italy

포로 로마노
Scenic view over the ruins of the Roman Forum in Rome, Italy

로마유적지
Roman Forum in Rome, Italy.

로마유적지
Roman Forum in Rome, Italy.

로마유적지
Roman Forum in Rome, Italy.

로마유적지
Roman Forum in Rome, Italy.

콜로세움
Colosseum with clear blue sky, Rome, Italy

콜로세움
Colosseum with clear blue sky, Rome, Italy

콜로세움
The Great Colosseum of Rome, Italy

콜로세움
The Great Colosseum of Rome, Italy

콜로세움과 로마유적지
Aerial cityscape of Rome with Forums and Colosseum, Rome, Italy

콜로세움과 로마유적지
Aerial cityscape of Rome with Forums and Colosseum, Rome, Italy

베키오 다리
Ponte Vecchio over Arno river in Florence, Italy

베키오 다리
Ponte Vecchio over Arno river in Florence, Italy

산마르코 광장
Aerial view over skyline of Venice at St Marks Place with Campanile and Doge Palace

산마르코 광장
Aerial view over skyline of Venice at St Marks Place with Campanile and Doge Palace

산마르코 광장
The St. Mark's Square with Campanile and Doge's Palace. Venice, Italy

산마르코 광장
The St. Mark's Square with Campanile and Doge's Palace. Venice, Italy

대운하 선착장
Gondolas and boats along beautiful palaces along Grand Canal in Venice, Italy

대운하 선착장
Gondolas and boats along beautiful palaces along Grand Canal in Venice, Italy

판테온
The Pantheon in the morning, Rome

성 베드로성당
Basilica of Saint Pietro in the Vatican, Rome, Italy

성 베드로성당
Basilica of Saint Pietro in the Vatican, Rome, Italy

성 베드로성당
Basilica of Saint Pietro in the Vatican, Rome, Italy

성 베드로 성당
Basilica of Saint Pietro in the Vatican, Rome, Italy

피사의 사탑
Leaning tower of Pisa, Italy

피사의 사탑
Leaning tower of Pisa, Italy

피사의 사탑
Leaning tower of Pisa, Italy

피사의 사탑
Leaning tower of Pisa, Italy

갈레리아 비토리오 에마누엘레 II
Galleria Vittorio Emanuele II in Milan, Italy

갈레리아 비토리오 에마누엘레 II
Galleria Vittorio Emanuele II in Milan, Italy

리알토 다리
Gondola at the Rialto bridge in Venice

리알토 다리
Gondola at the Rialto bridge in Venice

스페인 광장
Spanish Steps at Square of Spain in Rome, Italy.

스페인 광장
Spanish Steps at Square of Spain in Rome, Italy.

트레비분수
Fountain di Trevi

트레비분수
Fountain di Trevi

반뇨렌죠의 골목
Beautiful view of idyllic alley way in famous Civita di Bagnoregio near Tiber river valley, Lazio, Italy

반뇨렌죠의 골목
Beautiful view of idyllic alley way in famous Civita di Bagnoregio near Tiber river valley, Lazio, Italy

베네치아 레스토랑
Small restaurant on venetian canal among old houses in   Italy.

베네치아 레스토랑
Small restaurant on venetian canal among old houses in Venice, Italy.

플로렌스의 풍경. 두오모 성당
Florence cityscape in Tuscany, Italy

플로렌스의 풍경, 두오모 성당
Florence cityscape in Tuscany, Italy

프로치다
Procida island in a beautiful summer day in Italy

프로치다
Procida island in a beautiful summer day in Italy

볼로냐
BOLOGNA, ITALY, on MAY 2, 2015. The top view on the old city

볼로냐
BOLOGNA, ITALY, on MAY 2, 2015. The top view on the old city

Gondolas floating on canal towards bridge of sighs (Ponte dei Sospiri) Venice, italy

Gondolas floating on canal toward bridge of Sighs (Ponte dei Sospiri) Venice, italy

리오마조레
Panoramic view of Riomaggiore, one of the five famous fisherman villages of Cinque Terre in Liguria, Italy

리오마조레
Panoramic view of Riomaggiore, one of the five famous fisherman villages of Cinque Terre in Liguria, Italy

고대 시장이었던 장소
Ancient Trajan's Market, ruins in Via dei Fori Imperiali, Rome, Italy

고대 시장이었던 장소
Ancient Trajan's Market, ruins in Via dei Fori Imperiali, Rome, Italy

Answer

정답

산타마리아 델라 살루테 성당

산타마리아 델라 살루테 성당

1631~1687년, 56년에 걸쳐 지어진 바로크양식의 성당이다.
1630년 당시 페스트가 유행하면서 47,000명이 목숨을 잃게 되었는데 이때 살아남은 사람들이 성모마리아에게 감사드리기 위하여 세운 성당이다.
성당 안쪽에는 마리아가 아기 예수를 안고 있는 조각장식이 있으며 성모마리아와 아기예수가 페스트로부터 베네치아를 보호했다는 의미를 담고 있다.
'살루테'라는 말은 '건강과 구제'의 의미를 담고 있다.

ITALY

카날 그랑데운하

카날 그랑데 운하
베네치아를 두 개로 나누는 이 운하는 'S'자를 뒤집어 놓은 모양을 하고 있다.
운하의 길이는 약 3km, 폭은 30~60m이며, 평균수심은 5m 정도이다.
베네치아 교통의 대부분을 담당하고 있으며, 운하 양쪽에는 고딕, 르네상스 양식 등 시대별 다양한 건축양식들을 볼 수 있다.

ITALY

아르노강과 마을

아르노강과 마을
아펜니노산맥에서 발원하여 리구리아 해로 흘러가는 245km 길이의 강이다.
강을 끼고 있는 마을들은 주로 밀, 포도, 올리브 등의 생산이 많다.
1966년에는 사상 최대의 홍수로 피렌체가 침수된 일이 있었다.

ITALY

포로 로마노

포로 로마노
포로 로마노는 '로마인의 광장'이라는 뜻이다.
고대 로마인들의 생활 중심지로 신전 등 공공 건축물과 함께 일상에 필요한 시설이 있는 곳이다.
포로 로마노는 여러 황제를 거쳐 오면서 발전했지만, 5세기경 로마가 분열되면서 이곳 대부분의 건물이 훼손되었다. 하지만 여러 시대를 거쳐 온 다양한 시대의 흔적들을 만날 수 있는 곳이다. 얼핏 보면 폐허와 같은 모습이지만 지금까지도 발굴 작업과 복원 작업이 계속되고 있고, 예전의 번성했던 로마시민의 생활상 모습을 엿볼 수 있는 장소로서는 최고가 아닐까 싶다.

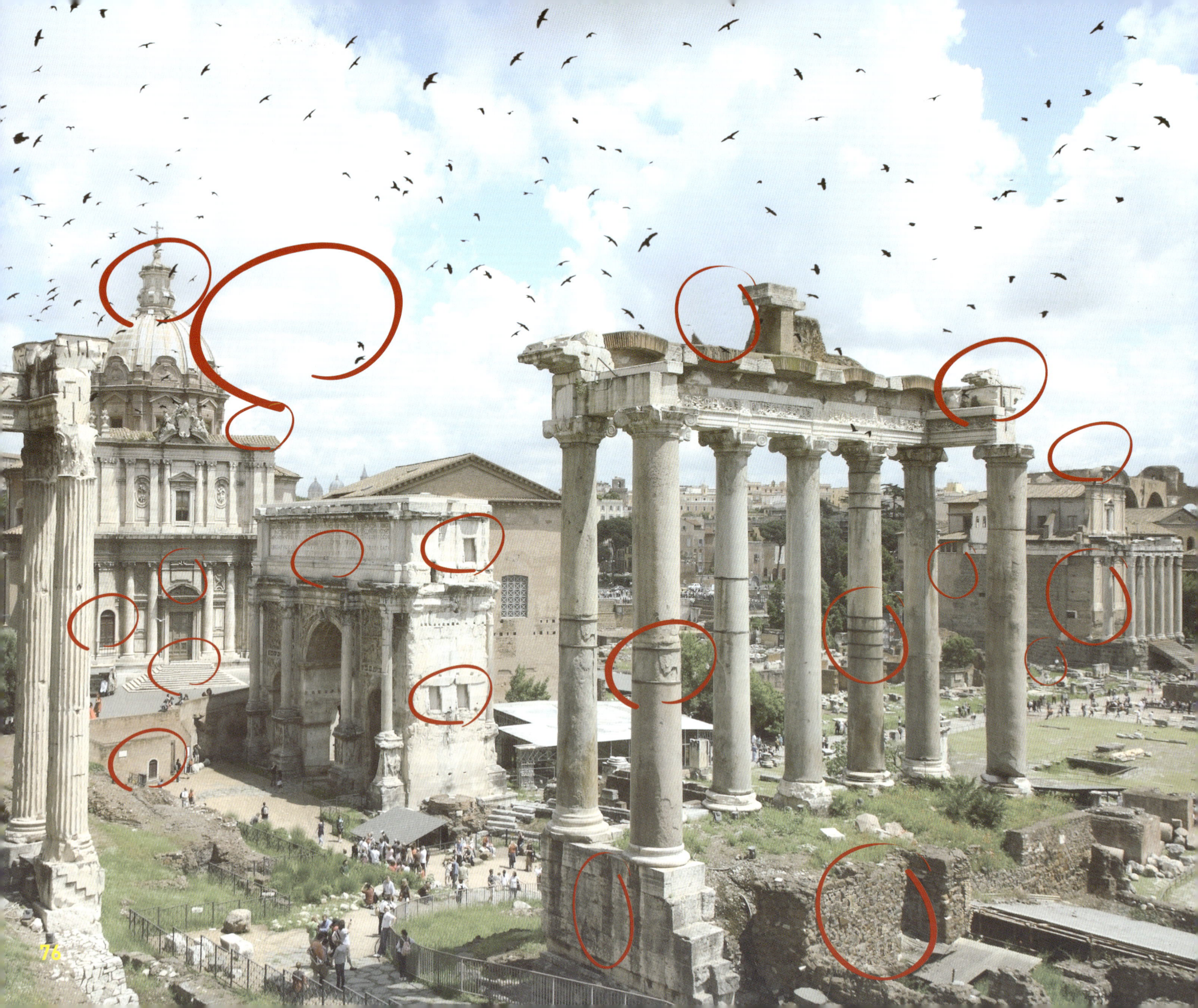

콜로세움

ITALY

콜로세움
콜로세움이란 이름은 네로 황제의 거대한 동상의 이름인 콜로소(Colosso)에서
와전되었는데 이는 라틴어 'Colossus', 즉 거대하다는 뜻에서 유래되었다.
정식명칭은 '플라비우스 원형경기장'이라고 한다.
AD 70년경 베스파시아누스 황제에 의해 건설되었으며 AD80년 그의 아들 티투스황제
때에 완공되었다. AD 217년에는 화재, AD 442년에는 지진으로 큰 피해를 보았다.
지름의 긴 쪽은 188m, 짧은 쪽은 156m, 둘레는 527m, 높이 48m(4층), 5만 명을
수용하는 원형경기장이다.
AD 608년까지는 경기장으로 사용되었지만, 중세시대에는 교회로 쓰였으며, 한때
군사적 요새로 이용되었다. 그 이후에는 교회 등의 건축에 사용되는 자재 공급처가
되었다. 당시 콜로세움에는 신분과 성별에 따라 좌석이 정해졌었는데, 1층은 황제와
베스타 여신, 원로원 2층은 귀족과 무사, 3층은 로마 시민권자, 4층은 여자, 노예,
빈민층이 자리 잡았다. 현재는 경기장 바닥이 파헤쳐져 있지만, 당시에는 지하실
위에 덮개를 씌워 모래를 덮고 그 위에서 경기했다.
바닥 밑에는 지하실을 만들어 검투사들의 대기실과 맹수들의 우리로, 경기 시 필요한
도구들의 보관 창고로 사용했다.

베키오 다리

베키오 다리
아르노 강의 다리 중 가장 오래된 것으로 1345년 건설되었으며 아르노 강의 가장 좁은 곳에 세워졌다. 원래 이 자리에 로마 시대에 나무로 만든 다리가 있었으나 홍수로 인한 유실로 재건한 것이 오늘에 이른다.
이 다리에는 푸줏간, 대장간이 있었는데 1593년 페르디난도 1세가 시끄럽고 비위생적이라 하여 추방하였고 대신 금 세공업자들이 다리로 들어섰다.
다리 한가운데에는 금 세공업자인 벤베누토 첼리니의 흉상이 서 있다.
또한 단테와 베르 아트리체가 처음 만나 운명적인 사랑이 시작된 장소이기도 하다.

산 마르코 광장

산 마르코 광장
베네치아의 정치, 경제, 문화의 중심지이다.
이곳은 채소밭이었는데 1723년 '티랄리'가 광장의 바닥을 설계하면서 지금과 같은 광장이 되었다.
나폴레옹은 이 거대한 광장을 '세계에서 가장 아름다운 응접실'이라 불렀다.
1720년 개업한 카페 '플로리안'은 바이런, 괴테, 바그너 등이 자주 들렀던 곳으로 유명하며 전쟁 중에도 영업을 했다는 이야기가 있다.

ITALY

85

판테온 신전

판테온 신전

BC. 27~25년에 아우구스투스 황제의 양아들 마르쿠스 아그리파에 의해 세워졌으며 AD. 80년 화재로 손실되었다가 AD. 118~125년 하드리아누스 황제에 의해 재건되었다.

판테온은 로마의 모든 신에게 바치는 신전으로 명칭은 그리스어로 Pan(판)=모두, Theon(테온)=신을 뜻한다. 높이 12.5m, 벽 두께 6.2m, 바닥에서 원형 구멍까지의 높이와 돔 내부원지름은 43.3m로 같다.

609년 교황 '보나파시오' 4세에 의해 카톨릭성당으로 개축되어 사용되었으며 르네상스 시대에는 무덤으로 사용되었다. 현재는 가톨릭 성당으로 사용되고 있다.

ITALY

성 베드로 대성당

성 베드로 대성당

성베드로대성당 또는 성베드로 대성전 · 베드로 대성전 · 바티칸 대성당 · 바티칸 대성전 이라고도 한다.

서기 67년에 순교한 예수의 열두 제자 가운데 한 사람이자 로마의 초대 주교인 교황 '성 베드로'의 무덤 위에 대성당을 건립했다고 한다. 이성당은 1506년 4월 18일에 건축하기 시작하여 1626년에 완료되었다.

성 베드로 대성당이 로마의 수많은 교회 가운데 가장 유명하기는 하지만, 로마 교구의 대성당의 명예를 지닌 교회는 '산 조반니 인 라테라노 대성당'이다.

성 베드로의 시신이 대성당의 제대 아래에 묻혀 있는 까닭에 옛날부터 교황이 선종하면 그 시신을 제대 아래에 안치해오고 있다. 성 베드로 대성당은 그 종교성과 역사성, 예술성 때문에 세계적인 순례 장소로 유명하다. 르네상스부터 바로크에 이르기까지 수많은 예술계의 거장들이 주임 건축가 직책을 계승하면서 오랜 세월에 걸쳐 지은 건축 작품으로서 당대의 가장 위대한 건축물로 여겨진다

성 베드로 대성당 발다키노

성 베드로 대성당 발다키노

대성당 한가운데에는 교황이 미사를 집전하는 곳인 중앙 제대가 있고 그 위를 닫집 모양의 발다키노가 덮고 있는데, 그 높이가 꼭대기의 황금 십자가 부분까지 29m나 되며 무게는 자그마치 37,000kg에 달한다. 베르니니의 작품인 이 발다키노는 1625년 우르바노 8세의 명령에 따라 1633년 6월 29일 성 베드로의 축일에 완성했다. 발다키노의 지붕을 받치는 네 개의 나선형 기둥은 마치 소용돌이치듯 감겨 있는 모양을 띠고 있는데 이는 사람의 영혼이 하늘나라로 올라가는 것을 형상화한 것이라고 한다. 내부 중앙에는 성령을 상징하는 비둘기가 빛을 뿜어내는 모습으로 부조되어 있고, 위쪽으로 네 명의 천사가 화관을 하늘로 끌어 올리고 있다. 또 다른 작은 천사들은 삼중관과 열쇠, 칼과 복음서를 들고 있다. 삼중관과 열쇠는 성 베드로를, 칼과 복음서는 성 바오로를 상징하고 있다. 그러나 이 발다키노는 높은 예술성에도 제작 당시에는 과다한 청동 사용 때문에 비난의 대상이었다.

ITALY

피사의 사탑

피사의 사탑

둥근 원통형 8층 탑으로 최대 높이는 58.36m이며 무게는 1만 4,453t으로 추정된다. 현재 기울기의 각도는 중심축으로부터 약 5.5°이며, 294개의 나선형 계단으로 꼭대기까지 연결된다.

1173년 착공되어 1372년까지 3차례에 걸쳐 약 200년 동안 공사가 진행되었는데 제1차가 1173년~1178년, 제2차가 1272년~1278년, 제3차가 1360년~1372년으로 공사 기간 간격이 매우 긴 것이 특징이다. 1차 공사 이후 지반 토질의 불균형으로 인한 기울어짐이 발견되었다. 그 뒤 2차 공사에서 이를 수정하여 다시 건설하였으나 기우는 현상은 계속되었다. 1990년 이탈리아 정부는 경사각을 수정하기 위한 보수공사를 착수하여 10년에 걸쳐 보수작업을 진행한 결과로 기울어짐 현상은 5.5°에서 멈춘 상태이다.

갈릴레오 갈릴레이가 '물체가 자유 낙하하는 시간은 낙하하는 물체의 질량에 의존하지 않는다'는 법칙을 인증하기 위해 피사의 사탑 꼭대기에서 크고 작은 두 종류의 물체를 동시에 떨어뜨려 양쪽이 동시에 땅에 닿는다는 것을 보여주었다는 일화가 전해 내려온다. 그러나 이 일화는 갈릴레오의 제자였던 비비아니(Viviani)가 지어낸 것이라 한다. 실제로 이 실험은 1586년 네덜란드의 수학자 겸 물리학자인 시몬 스테빈(Simon Stevin)이 한 것으로 알려져 있다.

리알토 다리

리알토 다리
예로부터 리알토 다리 주변은 중심상권지 였다.
12세기경부터 늘어나는 상품수와 사람수를 감당하기 어렵게 되자 다리 건축의 필요성이 대두되었는데 제대로된 다리없이 나무다리로 사용하다 16세기말 안토니오 다 폰테가 대운하를 걸어서 건널수 있는 최초의 석조다리를 건축하였다. 그 다리가 리알토 다리이다. 폭이 가장 좁은 곳에 건축되었으며 다리길이는 48m이다.

스페인 광장

스페인 광장

17세기에 교황청 스페인 대사가 이곳에 본부를 두면서 스페인 광장이라고 불리게 되었다.
영화 《로마의 휴일》에 등장하여 유명해졌으며 바이런, 괴테, 안데르센 등 유명 예술가들도 로마에 머물 때 이 광장 주변의 집에서 기거했다고 전해진다.

ITALY

트레비 분수

트레비 분수
1453년 교황 니콜라우스 5세의 명으로 만들어졌으며 이후 1762년 교황 클레멘스 13세가 설계를 공모하여 '니콜라 살비'에 의해 바로크 양식으로 재단장되었다
높이는 25.9m, 너비는 19.8m이다.
분수에서 흘러나오는 물은 로마에서 22㎞ 떨어진 살로네 샘으로부터 오는데, 기원전 19년에 세워진 '아쿠아 비르고' 수도교를 통해 운반된다고 한다.
트레비 분수에 동전을 던지는 것은 오랜 전통으로 남아있다. 이 분수에 동전을 던지면 소원이 이루어진다고 믿거나 언젠가 다시 로마에 오게 된다고 믿는 전통이 있다고 한다. 오른손에 동전 세 개를 들고 왼쪽 어깨너머로 던지면 행운이 온다는 말도 있다.

ITALY

두오모 성당

두오모 성당

오래된 산타 레파라타 성당이 있던 부지에 세워진 이 성당은 1296년~1462년 동안 166년에 걸쳐 르네상스 양식으로 완공되었다.

두오모, 혹은 피렌체 대성당이라고도 불리는 '산타 마리아 델 피오레 바실리카'는 현재 로마의 산 피에트로 대성당, 런던의 세인트 폴 대성당, 밀라노 대성당에 뒤이어 세계에서 네 번째로 큰 성당이다. 그러나 이 바실리카가 처음 지어졌을 때는 세계에서 가장 큰 성당으로, 3만 명의 신도를 수용할 수 있었으며 피렌체의 정치적이고 경제적인 지배력을 상징하던 곳이었다.

탄식의 다리

탄식의 다리
두칼레 궁전과 작은 운하를 사이에 두고 동쪽으로 나 있는 감옥을 잇는 다리이다. 1600년부터 1603년까지 안토니 콘티노(Antoni Contino)의 설계로 만들어졌다. '10인의 평의회'에서 형을 받은 죄인은 누구나 이 다리를 지나 감옥으로 연행되었다. 탄식의 다리라는 이름은 독방에 넣어지기 전에 창밖에서 베네치아의 아름다운 경치를 볼 수 있는 것은 마지막이며 죄수가 한숨을 쉰다는 것에서 19세기에 조지 바이런이 명명한 것으로 알려져 있다.

ITALY

ITALY

1. 참고문헌

- 저스트고유럽 / 최철호 저 / 시공사 / 2016
- 엔조이 유럽 / 문은정, 김지선 저 / 넥서스 / 2015
- 엔조이 이탈리아 / 윤경민 저 / 넥서스 / 2015
- 교과서에 나오는 유네스코 세계문화유산 / 시공주니어 / 2011
- 죽기 전에 꼭 봐야 할 세계 역사 유적 1001 / 리처드 카벤디쉬 저 / 마로니에북스 / 2009
- 로마-똘레랑스의 제국 / 한형곤 저 / 살림출판사 / 2004
- 내가 본 세계의 건축 / 이성미 저 / 대원사 / 2004
- 지식백과 미술대사전 / 한국사전연구사 저 / 1998
- 두산백과사전
- 위키백과
- 백과사전 편찬위원회

2. Credits

P 6. Mariia Golovianko / Sutterstock
P 8. Canadastock / Sutterstock
P 10. Dennis van de Water / Sutterstock
P 12. Marco Rubino / Sutterstock
P 14. Tupungato / Sutterstock
P 16. Nattee Chalermtiragool / Sutterstock
P 18. Belenos / Sutterstock
P 20. Grom08 / Sutterstock
P 22. Mariia Golovianko / Sutterstock
P 24. muratart / Sutterstock
P 26. 4kclips / Sutterstock
P 28. Yamagiwa / Sutterstock
P 30. Inu / Sutterstock
P 32. Nejdet Duzen / Sutterstock
P 34. Samot / Sutterstock
P 36. grafalex / Sutterstock
P 38. Lee Yiu Tung / Sutterstock
P 40. Fedor Selivanov / Sutterstock
P 42. Leonid Andronov / Sutterstock
P 44. S-F / Sutterstock
P 46. Roman Babakin / Sutterstock
P 48. Brian Kinney / Sutterstock
P 50. canadastock / Sutterstock
P 52. Anna Jedynak / Sutterstock
P 54. Nattee Chalermtiragool / Sutterstock
P 56. S-F / Sutterstock
P 58. bellena / Sutterstock
P 60. muratart / Sutterstock
P 62. canadastock / Sutterstock
P 64. Marco Rubino / Sutterstock

1판 1쇄 발행 2016년 10월 31일

지은이   도미니코 그리소

펴낸이   구난영
총 괄   이총석
발행처   도슨트
브랜드   도슨트 ART
디자인   (주)구름디자인
주 소   경기도 파주시 산남로 183-25
전 화   070-4797-9111
F A X   0504-198-7308
E-mail   docent2016@naver.com

일원화   북센

ISBN   979-11-957711-6-5 13690

값 11,500원

저작권법에 의하여 보호를 받는 저작물이므로 무단복제를 금합니다.
잘못된 책은 구입하신 서점에서 교환해 드립니다.